26 mars 1870

Vente du Samedi 26 Mars 1870

Collection de M. le Comte d'E***

TABLEAUX

ANCIENS

Exposition publique : le Jeudi 24 Mars 1870

de une heure à cinq heures

Commissaires-Priseurs

Me GAUTHIER | Me CHARLES PILLET

Expert

M. FEBVRE

CATALOGUE

DES

TABLEAUX ANCIENS

FORMANT LA COLLECTION

De feu M. le comte d'E***

DONT LA VENTE AUX ENCHÈRES PUBLIQUES AURA LIEU

Par suite de son décès

HOTEL DROUOT, SALLE N° 3

Le Samedi 26 Mars 1870

A DEUX HEURES TRÈS-PRÉCISES

COMMISSAIRES-PRISEURS :

Me GAUTHIER, 12, rue Béranger,	**Me CHARLES PILLET,** 10, rue Grange-Batelière,

EXPERT :

M. FEBVRE, rue Saint-Georges, 14,
Chez lesquels se trouve le Catalogue.

EXPOSITION PUBLIQUE
Le Jeudi 24 mars 1870, de une heure à cinq heures.

CONDITIONS DE LA VENTE

Elle sera faite au comptant.

Les adjudicataires payeront *cinq pour cent* en sus des enchères.

Chaque lot pourra être divisé ou réuni, au gré de l'Expert.

AVIS

La Collection d'objets d'art et de curiosités de feu M. le comte d'E*** sera vendue le *Vendredi* 25 *mars* 1870, rue Drouot, salle nº 3, à deux heures et le soir à sept heures de relevé.

On trouve le Catalogue :

Chez Mᵉ GAUTIER, commissaire-priseur, rue Béranger, 12.

Chez Mᵉ CHARLES PILLET, commissaire-priseur, rue Grange-Batelière, 10.

Et chez M. FEBVRE, expert, rue Saint-Georges, 14.

Paris — Typ. PILLET fils aîné, 5, rue des Grands-Augustins.

DÉSIGNATION DES TABLEAUX

BÉGYN

(HABRAHAM)

1 — Port de mer oriental.

Sur le quai sont des marchands de diverses nations ; une bohémienne prédit l'avenir à une dame de distinction accompagnée d'un gentilhomme; un chariot, traîné par des bœufs, transporte des ballots ; un vaisseau sur rade donne le salut d'entrée.

Signé en bas à gauche.

BLOEMEN

(VAN DER ORIZONT)

2 — Paysage montueux avec chute d'eau.

A gauche, une route avec villageois et animaux.

BOUCHER

(FRANÇOIS)

3 — **Jeune femme vue en buste.**

Sa tête ornée de rubans, son corsage paré d'une rose.
Pastel.

BOUCHER

(FRAÇOIS?)

4 — **Jeune femme richement parée, représentée en buste.**

BOUCHER

(Attribué à)

5 — **Jeune dame représentée en buste.**

Représentée presque de face à droite, en toilette du matin, avec chevelure poudrée parée d'une rose.
Pastel.

BOUCHER

(Attribué à)

6 — **Paysage avec cours d'eau et lavandières.**

7 — **Le Moulin de Charenton.**

BOUT ET BAUDEWINS

8 — **Paysages animés de nombreuses figures.**

Deux pendants.

BOTH

(JEAN d'après)

9 — **Paysage.**

Rivière coulant entre des montagnes. En avant, sur une route, des voyageurs attendent l'arrivée d'un bac qui aborde la rive; soleil couchant.

BRAUWER

(ADRIEN)

10 — **Vieillard vu en buste tenant un sac d'écus.**

BREUGHEL

(JEAN, dit DE VELOURS)

11 — **Paysage.**

En avant, une rivière avec quelques voiles; à gauche et dans le fond, des villages entourés d'eau.

BRIL

(PAUL)

12 — **Paysage accidenté, avec marche d'animaux.**

BRONZINO

(ALLORI)

13 — **Portrait en buste d'un personnage italien.**

Vu de trois quarts à gauche, cheveux bruns et courts, vêtement noir, large collerette à tuyaux garnie de guipures.

BRUANDET

(L.)

14 — **Paysage, avec cour d'eau et lisière d'un bois.**

CANALETTO

(ÉCOLE DE)

15 — **Ville italienne.**

Au centre de laquelle coule une rivière.

CASTECLE

(M.)

16 — **Fleurs dans des vases posés sur des socles de pierre.**

Deux pendants. Signés.

CIGNANI

(CARLO)

17 — **Le repos de la sainte famille.**

Sous le péristyle d'un palais, la vierge assise soutient son divin enfant; à gauche est saint Joseph debout.

COIGNARD

(LOUIS)

18 — **Vaches à l'abreuvoir.**

DIAZ

(E. le fils)

19 — **Vaches à l'abreuvoir, soleil couchant.**

DROLLING

(MARTIN)

20 — **La bonne nouvelle.**

Un campagnard apporte une lettre à son ami convalescent; une jeune fille et une femme témoignent leur joie.

Intérieur villageois.

21 — **Petit garçon profitant du sommeil de son père pour aller jouer.**

Il tient une raquette et se dispose à sortir. Intérieur.

DROUAIS

(FRANÇOIS)

22 — **Portrait d'un jeune homme.**

En buste, presque de face, cheveux poudrés, habit jaunâtre brodé d'or, cravate blanche et jabot.

DUPLESSIS

(JOSEPH)

23 — **Marche d'un convoi militaire.**

DYCK

(ANTOINE VAN GENRE DE)

24 — **Portrait en buste d'un personnage hollandais.**

ES

(VAN)

25 — **Gibier mort sur une table de pierre.**

FALENS

(VAN)

26 — **Le Départ pour la chasse aux faucons.**

Grande quantité de cavaliers suivant une route qui conduit à un pont.

FRAGONARD

(HONORÉ)

27 — **Intérieur de Parc.**

A droite, une fontaine monumentale dominée par la statue de Minerve, à gauche, de grands arbres aux rameaux touffus; sur le bord du bassin, des jeunes femmes lavent du linge, d'autres en étendent sous les arbres.

Charmante œuvre incontestable du maitre.

28 — **La rentrée à la ferme.**

29 — **Tête de jeune fille, représentée en buste.**

30 — **Jeunes demoiselles dessinant d'après nature.**

Un petit enfant nu, debout sur une table, leur sert de modèle.

31 — **L'Amour est endormi sur un lit de rose, une nymphe agenouillée le contemple, une autre prend la fuite.**

Charmante esquisse incontestable du maitre.

FRAGONARD

(HONORÉ genre de)

32 — **Le Colin-Maillard.**

Scène champêtre.

FRAGONARD

(Attribué à)

33 — **Jeune garçon représenté en buste.**

GELÉE CLAUDE

(DIT LE LORRAIN genre de)

34 — **Ville italienne et entrée de port.**

Soleil couchant.

GÉRARD (Mlle)

35 — **Le déjeuner.**

Intérieur : six figures.

GREUZE

(JEAN-BAPTISTE attribuée à)

36 — **Jeune fille représentée en buste.**

GREUZE

(Genre de)

37 — **Petit garçon tenant des raisins.**

GREUZE

(J.-B. d'après)

38 — **Intérieur rustique.**

Une jeune et gracieuse villageoise est assise, près d'elle un petit garçon mange la soupe.

GREVENBRŒCK

(CHARLES)

39 — **Port de mer et Rade, milieu du jour.**

40 — **Citadelle défendant l'entrée d'un port.**

GUARDI

(FRANCESCO)

41 — **Une vue du Grand Canal, Venise.**

42 — **Autre vue du Grand Canal.**

43 — **Vue de Venise, Grand Canal.**

Dessin.

GUYOT

(LOUISE)

44 — **Portrait d'une jeune fille représentée en buste.**

HAKKERT

(DE NAPLES)

45 — **Paysage avec personnages antiques.**

Clair de lune.

HAKKERT

(JEAN VAN, genre de)

46 — **Paysage.**

Au centre, une rivière; en avant, des animaux conduits par des villageois ; dans le fond, à gauche, sur le haut d'une colline, est un vieux castel.

HEEM

(DAVID de 1661)

47 — **Un vase en orfévrerie, des harengs sur un plat d'argent, un vidrecome, des citrons, raisins et d'autres fruits posés sur une table.**

Signé en bas au milieu.

HOUCK

(1739)

48 — **Abraham congédiant Agar et Ismael.**

ISABEY

(EUGÈNE)

49 — **Plage normande.**

JOLLAIN

(1752)

50 — **Diane et Endymion.**

KESSEL

(JEAN VAN)

51 — **Vase de la Chine contenant des fleurs.**

Grande finesse d'exécution, conservation parfaite.

KOEKKOEK ?

(B.-C.)

52 — **Marche d'animaux entre des montagnes.**

53 — **Repos de muletiers près d'une fontaine.**

LACROIX

(Élève de VERNET)

54 — **Rade et entrée de port.**

Milieu du jour. Belle qualité du maître.

LAJOIE

(N.)

55 — **Paysage.**

Site montagneux, au centre une rivière.
(Fixé).

LANTARA

(MATHURIN)

56 — **Paysage avec rivière.**

Effet du soir, soleil couchant.

57 — **Paysage avec rivière.**

Clair de lune. Dessin.

58 — **Paysage, matinée.**

Charmant paysage avec rivière, en avant des animaux gardés par une villageoise ; à gauche, dans le fond, un moulin à eau et une tourelle placée en bas d'une montagne.

LARGILLIÈRE

(NICOLAS, École de)

59 — **Jeune dame de l'époque du Régent, représentée en buste.**

LECNER

(LÉOPOLD 1815)

60 — **Sur une table sont des fruits, un nid d'oiseau et un vase contenant des fleurs.**

LÉPICIÉ ?

(NICOLAS)

61 — **Jeune paysanne représentée en buste.**

LEPRINCE

(XAVIER 1840)

62 — **Marché sur le quai de la Tournelle.**

Dans le fond on voit l'église Notre-Dame.

Signé à gauche.

LEW

(VAN DER)

63 — **Pâturage.**

Deux moutons et une vache couchée; une autre vache et une chèvre debout.

Fond avec montagnes.

LOO

(CARLE VAN)

64 — **Portrait d'une jeune dame.**

Vue en buste, de face, avec cheveux poudrés parés de fleurs ; sa charmante figure se détache sur un ciel bleu, un ruban rose entoure son cou, une draperie de même couleur couvre une partie de sa robe en satin blanc.

MALBRANCHE

65 — **Environs de Paris.**

MALLET

(JEAN-BAPTISTE)

66 — **Le Pardon, intérieur, trois figures.**

MARNE

(JEAN-LOUIS DE)

67 — **L'oiseau privé.**

Sur un coteau, paissent ou se reposent des animaux, leur gardienne, jeune villageoise, tient un oiseau qu'un enfant cherche à lui prendre ; près d'elle est un pâtre assis.

Fond avec rivière et montagnes, éclairées par un soleil couchant.

MILLÉ

(FRANCESQUE)

68 — **Paysage arcadique, animé de figures.**

Soleil couchant.

MOLYN

(PIERRE)

69 — **Paysage avec route où causent des villageois.**

NEER

(ARTHUR VAN DER)

70 — **Village bordant un bras de la Meuse**

Soleil couchant.

NETSCHER

(CONSTANTIN)

71 — **Dame hollandaise assise ; près d'elle sont ses deux enfants.**

OUDRY

(JEAN-BAPTISTE)

72 — **Chienne de chasse et ses petits dans un chenil.**

PARIS

73 — **La sortie de l'étable.**

PATER

(JEAN-BAPTISTE, attribué à)

74 — **Le repos dans le parc.**

Assis sur un tertre, un jeune homme offre des fleurs à une charmante dame placée près de lui, derrière celle-ci sont deux amoureux; à droite, une petite fille cueille des roses; en avant, à gauche, deux autres petites filles jouent avec un chien; dans le fond, des personnages assis sur l'herbe, causent; au loin est un village.

PIERRE

(J.-B.)

75 — **Sujet pastoral.**

Bergère endormie; un villageois lui dérobe des fleurs; paysage avec rivière et ruines antiques.

RAPHAEL

(D'URBIN, d'après)

76 — **La vierge et Jésus.**

La vierge assise sur un banc de pierre, tient sur ses genoux le divin enfant.

RICCI

(SÉBASTIEN)

77 — **L'Enlèvement des Sabines.**

Composition capitale.

ROBERT LEFEVRE

(AN 9)

78 — **Famille réunie dans un appartement.**

Le père, assis, a sur ses genoux un de ses fils, son autre fils embrasse la main de sa mère. Celle-ci est debout le coude appuyé sur un fauteuil.

Signé au milieu, à droite.

ROBERT

(LÉOPOLD genre de)

79 — **Golfe de Naples avec baigneuse.**

Milieu du jour.

SASSO FERRATO

80 — **La Vierge représentée en buste.**

Elle est dans l'attitude de la prière, les mains jointes, la tête baissée vers la gauche et couverte d'un voile blanc.

SCHOWAERDTS

81 — **Paysage.**

Sur le devant, une rivière, au fond, un pont et l'entrée d'une ville.

SPAENDONCK

(GÉRARD VAN, 1787)

82 — **Belles fleurs dans un vase posé sur une table de marbre.**

Près du vase sont des pêches et des raisins.

Signé au bas, à droite.

SPAENDONCK

(COMEILLE VAN)

83 — **Vase en terre cuite contenant des fleurs.**

84 — **Fleurs groupées dans une corbeille.**

A droite, en bas, la signature.

SWEBACH-DESFONTAINES

85 — **Cavaliers passant sur un pont, un jockey fait l'aumône à un pauvre.**

Signé au bas, à droite.

TAUNAY

(Genre de)

86 — **Marche d'un convoi militaire.**

87 — **Intérieur d'un camp.**

TENIERS

(DAVID le Père)

88 — **Alchimiste et ses élèves dans un laboratoire.**

TENIERS

(DAVID, le Fils, d'après)

89 — **Paysage.**

A gauche, deux paysans à la porte d'une auberge, un autre paysan va rejoindre deux pêcheurs placés sur le bord d'une rivière que l'on voit à droite.

TENIERS

(DAVID, le Fils, École de)

90 — **Kermesse.**

Dans la cour d'une auberge, bon nombre de buveurs, d'autres personnages regardent un homme et une femme qui dansent au son de la musette.

UDEN

(LUC VAN, figures par SCHUTZ)

91 — **Beau paysage accidenté avec le sujet du repos de la sainte Famille.**

UDEN

(Attribué à)

92 - **Paysage avec rivière et route où se repose un chasseur.**

VALIN

93 — **Scène pastorale.**

Petit villageois dérobant une rose à une jeune bergère, endormie près de ses moutons.

VERBOECKHOVEN

(EUGÈNE, d'après)

94 — **Pâturage.**

Un taureau debout, deux vaches couchées et deux autres paissant près d'une habitation.

WOUVERMAN

(PIERRE)

95 — **Rendez-vous de chasse.**

Sur une route montueuse, un cavalier sonne de la trompe, une dame à cheval est près de lui ; un autre cavalier et une amazone lancés au galop arrivent, un valet porte des faucons. En avant, des valets et des chiens ; dans le fond, à droite, l'entrée d'un bois.

WYNANTZ

(JEAN, d'après)

96 — **Paysage avec terrain sablonneux.**

En avant, à droite, sur une route, passe un cavalier suivi de plusieurs chiens et d'un valet portant des faucons.

YBERT

97 — **Paysage.**

En avant, à terre, un panier rempli de raisins et un autre panier contenant des pêches, sur le sol, quelques fleurs, un nid d'oiseau et des insectes.

Signé au bas, à gauche.

ZORG

(HENRY-MARTIN)

98 — **Intérieur d'un cellier avec ustensiles de ménage.**

Un cochon éventré est attaché à une échelle.

INCONNU

99 — **Fruits, légumes et poissons sur une table.**

INCONNU

100 — **Groupe de fruits dans une corbeille**

ÉCOLE FRANÇAISE

101 — **Savant dans son cabinet.**

Il est assis près d'une table, sur laquelle sont des livres.

102 — **Portrait de la femme du précédent personnage.**

Assise, elle tient un chien sur ses genoux.

103 — **Jeune fille jouant du clavecin.**

Intérieur.

ÉCOLE HOLLANDAISE

104 — **Vase de fleurs et nid d'oiseau sur une table.**

ÉCOLE ANGLAISE

105 — **Jeune homme représenté en buste.**

ÉCOLE ITALIENNE

106 — **La Vierge, assise, soutient son fils bien-aimé sur ses genoux.**

ÉCOLE ALLEMANDE

107 — **Village au bas d'une montagne.**

ÉCOLE ALLEMANDE

108 — **Paysage, environs de Berne.**

ÉCOLE MODERNE

109 — **Intérieur, quatre figures.**

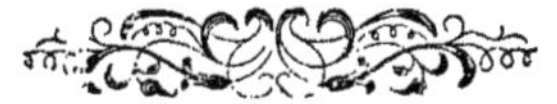

www.ingramcontent.com/pod-product-compliance
Ingram Content Group UK Ltd.
Pitfield, Milton Keynes, MK11 3LW, UK
UKHW022151170726
13837UKWH00004B/1914